JN439086

풍뎅이 날개로 지구를 돌다

시산맥 기획시선 050

풍뎅이 날개로 지구를 돌다

시산맥 기획시선 050

초판 1쇄 발행 | 2017년 4월 25일

지 은 이 | 박성희
펴 낸 이 | 문정영
펴 낸 곳 | 시산맥사
편집주간 | 김광기
편집위원 | 안차애 전해수 정재분
등록번호 | 제300-2013-12호
등록일자 | 2009년 4월 15일
주　　소 | 03131 서울특별시 종로구 율곡로 6길 36.
월드오피스텔 1102호
전　　화 | 02-764-8722, 010-8894-8722
전자우편 | poemmtss@hanmail.net
시산맥카페 | http://cafe.daum.net/poemmtss

ISBN 978-89-98133-80-1 03810

값 9,000원

* 이 도서의 국립중앙도서관 출판시도서목록(CIP)은 서지정보유통지원시스템 홈페이지(http://seoji.nl.go.kr)와 국가자료공동목록시스템(http://www.nl.go.kr/kolisnet)에서 이용하실 수 있습니다.

풍뎅이 날개로 지구를 돌다

박성희 시집

*본문 페이지에서 한 연이 첫 번째 행에서 시작될 시에는 〈 표기를 한다.

■ 시인의 말

너에게 해줄 말이 있어서 좋다.
너의 슬픔을 달랠 수 있다면 더 좋겠다.

환한 빛을 머금은 노각나무가
제 몸에 선명한 무늬를
새기는 것에 대해 말하고 싶다.

천 편이 넘는 한시를 쓰신 아버지와
나의 가족에게 이 시집을 바친다.

2017년 봄
박성희

■ 차 례

1부

2부

3부

4부

1부

가시꽃

혀에서 가시가 돋는다

가시 속에서 꽃이 핀다

입은 커다란 정원

꽃들이 길을 연다

라마, 내 사랑

초원의 라마는 높은 곳에 올라서기를 좋아한다

지평을 벗어난 라마는 마추픽추 계단처럼 층층이 쌓인 여행가방 안에서 나온다 짧은 곱슬머리에 고깔모자, 가늘게 땋아 내린 빨강 파랑 노랑 귀밑머리, 캄캄한 동굴을 닮은 두 귀는 쫑긋하다 주름진 목에는 아비의 이름이 새겨진 목걸이가 걸려 있다

짐승의 눈은 왜 슬픈가 눈망울을 굴릴 때마다 지나온 산모퉁이와 계곡, 바위 능선이 지나간다 온몸이 글자이며, 노랫말이며, 울음인 그의 눈은 만년설 위에 새겨진 발자국을 기억하고 티티카카 호수의 일렁임을 잊지 못한다 사라진 제국의 비애를 별빛처럼 간직한 눈

긴 머리카락으로 밤마다 허공을 휘저으며 별을 만진다 깊은 밤 가슴앓이하며 등을 쓸어내릴 때 지구를 돌아온 낯선 손이 나의 손목을 잡아준다 빈혈처럼 찾아오는 고산의 기억, 라마는 산소를 마시듯 낮은 울음을 삼킨다 초원을 돌아온 바람이 그를 데려갈 것이다

라마를 탄 스승이 먼 곳으로 떠났다는 소식을 듣는다

귀로 보는 풍경

관음죽 눈 뜨는 소리는 파랗다
왼쪽 가슴 언저리
풍경처럼 흔들리는 텔레비전 화면,
젊은 가장의 한쪽 다리가
검은 바다 위를 출렁거리고
그의 앳된 아내와 어린 자식들이
파도를 부여잡고 있다
순한 것에만 쏠렸던 귀가 울음이 있는 풍경을 본다
식탁에 앉아 억지로 밥을 먹는다
밥알 씹어대는 소리와 사람을 삼켜버린 파도 소리가
거실 바닥을 굴러다닌다
내 무게를 아는 소파의 볼록한 울음
녹슬어가는 스프링의 꺼억 꺼억 목이 쉰 소리
천개의 목소리를 보는 내 귀를 의심한다
잎사귀마다 흔들리는 관음죽이 있다

텔아비브

바다가 모래언덕에 누워 잠시 숨을 고를 때 우리는 잠깐 웃다가 포말처럼 사라진다

집 위에 무덤을 짓고 무덤 위에 다시 집을 지으며 쌓아올린 도시의 언덕에 별꽃이 돋아나고 국경을 모르는 아이들은 밤마다 별자리를 센다 히잡을 두른 여자와 구레나룻 남자가 해변에 누워 밤새 사랑을 나눌 때 비둘기는 잠이 없는 도시의 하늘을 다둑거리며 날아오른다

무덤에서 무덤으로 가는 막다른 골목길, 나는 물고기 뱃속에 들어갔다가 살아 돌아온 사내와 이야기를 나눈다 심해를 향해 가라앉는 고래의 등처럼 부풀어 오르는 모래 언덕, 죽음의 끝에서 바닥을 치고 솟구쳐 오르는 물기둥처럼 나도 수면 위로 떠오르고 싶은데

기적을 말해도 놀라지 않는 도시, 봄꽃들이 탕탕탕 피어나 서로의 가슴을 겨눈다

가시는 환하다

나는 탱자나무 집의 셋째 딸
가시가 빚어낸 틈으로
세상을 내다보던 아이
콘크리트 벽 대신
탱자나무로 울타리를 쳤어
나무는 제 몸에 가시를 꽂고
하얀 꽃을 피워냈지
가시 끝에는 별들이 매달려 있었어
옆집 아주머니는 삶은 국수 한 사발을
가시에 찔리지 않고 잘도 건네주었지
바깥을 향해 뻗어 있는 가시는 더 이상
자라지 않았어 실은
제 몸속으로만 깊게 파고들며 나의
숨소리를 찌르곤 했어
가시와 가시 사이 새들은 둥지를 틀고
어린 새들이 날갯짓을 했어
가시가 박힌 자리마다 환한
빛이 피어났지

聖 도마

칼의 무게를 온몸으로 견딘다

도마는 칼을 피하고 싶지 않다

찍힐수록 피어나는 오롯한 향기

단칼에 베어지는 젊은 날의 허기들

도마를 씻어 벽에 걸어둔다

도마가 아닌 나무 액자

상처로 새긴 무늬

木質이 노랗게 몸을 부풀린다

햇살은 흉터를 쓸어내리고

아직도 남아 있는 나무의 혼이런가

갖은 생의 비린내 품고

편백의 향

먼 숲을 불러온다

파트타임

수많은 조각들이 진열된 마트의 구석, 볼록렌즈에 사람들의 전신이 들어오지만 나에겐 감자깡이나 고구마깡처럼 마트를 채우는 조각으로 보인다 여기선 모두가 거대한 마트를 채우는 조각일 뿐, 권태로운 시간에 퍼지는 빵 냄새는 종교보다 강렬하다 나는 냄새 속으로 빨려들어 막 나온 치즈 케익 블루베리 베이글에 에그 샌드위치로 배를 채운다 팽팽해진 배를 만지며 구석 한켠 블루베리 나무가 자라는 숲을 꿈꾸기도 한다 조각들이 판치는 세상, 전체는 구겨진 신문지 조각처럼 남루하다 가슴 한가운데 뜨거운 심장쯤이야 잠시 꺼두어도 좋나 여기는 심장 뛰는 소리보다 시계 바늘 소리가 더 빛난다 쭈글쭈글 정직해진 토마토 조각들이 팔려나간다

타협을 모르는 싱싱한 것들, 더 힘 센 조각이 되어 하늘을 밀어낸다 하늘이 조각나고 있다

런닝머신 위의 아이러니

내게도 퇴화해버린
날개가 있다고 느껴질 땐
런닝머신 위에 오른다
동작 버튼을 누르면 숨어 있던 길들이
끝없이 나와 방을 빠져나간다
달리지 않으면 길이 나를 밀어내기에
멈출 수 없다
넘어지지 않기 위해 달리고 몸은
점점 가벼워져야 한다
가도 가도 가파른 길, 숨이 차오른다
발바닥이 허공을 밟는 순간
새소리가 들린다
구름 사이 나무들이 스쳐간다
나뭇잎 사이로 파란 하늘이 보인다
깊은 곳에서 솟구치는 무거운 소금 냄새
아무 것도 떠오르지 않을 무렵
검은 길 벗어나 자유롭게 날 수 있을까
버릴수록 가까이 다가오는 길
길을 바라다본다

〈
몸이 간지럽다
날개가 돋는다

내 몸에 날개가 돋아서 어디든 날아갈 수 있기를
내 꿈에 날개가 돋아서 진실의 끝에 꽃이 필 수 있기를*

* 이승환의 '길가에 버려지다' 가사 중

콘베이어 벨트 위의 시

콘베이어 벨트를 따라 시간이 빠르게 돌아간다
녹슬고 헐거워진 시간이 공항에선
윤기를 내며 조여진다

에스컬레이터는 쉬지 않고 사람들을
공중으로 실어 나르고 나는
가방 속에서 흙 묻은 삽과
시든 꽃을 내려놓는다
쓰다가 만 시는 너무 무거워
공항 구석에 앉아 쓰고 지우고 쓰고 지우고

스피커에선 내 이름이 불리고 있는데 나는
하얀 종이 위에 새순이 돋길 기다린다
움터오는 새순을 따라서
눈물 한 방울 옮겨 적느라 그만
비행기를 놓치고 싶은가

한 방울의 슬픔이 마르고 난 뒤
다른 출구 앞에서
탑승구의 문이 열리길 기다리고

〈

냉이꽃이 콘베이어 벨트를 돌며
가느다란 손을 흔든다

개와 장미의 가족사

개와 장미가 동거를 시작한다

마당의 한쪽을 차지하고 점점
구석을 벗어나려한다

한마당에서 잠을 자고
저녁을 같이 먹고
먼 산 새벽빛을 바라본다

개의 입에는 붉은 혀가 자라고
장미의 가시는 뾰족하다

가시와 혀가 서로의 어깨를 껴안고
마당 한가운데서 뒹굴 때까지
장미는 뿌리로 땅을 파며
가시의 거리만큼 조금씩 가까워지고

개의 컹컹거리는 울음
송곳니 사이를 빠져나올 때마다
마당의 금이 쩍쩍 벌어진다

〈

새싹들이 돋아난다
땅 금 속에서

개와 장미가 채우지 못한 틈에서
키 큰 나무가 자란다

명상의 집
–노각나무

마당의 깊은 곳
노각나무 한 그루

오가는 발자국 소리에
귀 기울인다

이사하던 날
문패처럼 펄럭이는 말씀
–무거운 짐을 진 자, 다 나에게 오라

망설이는 사이
몸보다 먼저 짐이 들어간다

매일 바람 속에
제 짐을 흘려보내며
한 겹씩 비늘을 벗는다

상처에는 무늬가 생겨나
푸른 잎 돋아난다

〈

무늬에 묻은 때를 벗기다보면
숭숭 구멍이 뚫린다

바람이 머물다 간 구멍에서
목관악기의 통로를 지나는 오래된
물소리를 들린다

빈 곳으로 기우는 귀
맑은 꽃 핀다

폭풍의 언덕*

누군가를 애타게 부르는 소리 같아
자꾸만 뒤를 돌아보았어
길게 자란 누런 잔디와 마른 히스나무가
온몸으로 드러눕고 다시 일어섰지
바람은 모든 걸 넘어뜨렸어
무너진다는 것이 이토록
시원하고 상쾌한 적은 없었지
바람은 나를 메고
이 들판에서 저 들판으로 날아다녀
깊은 골짜기에서 쉬기도 하고
폭풍처럼 살다간 사내의 무덤가에
내려놓기도 했어
이 언덕에 오르면 누구나
히스클리프의 살갗 위로 돋아난
어린 풀잎처럼 가벼워져
여기서 주인은 모든 걸 털어버리는
바람이기 때문이야
가벼워지는 것, 그것은
무엇이든 될 수 있다는 것이지 하지만
누군들 저 바람을 온전히

사랑할 수 있을까

나무들 깃털을 털며 발가락을 꼬옥
움켜쥐는 폭풍의 언덕

*에밀리브론테의 '폭풍의 언덕' 소설적 배경이 된 영국 북부지방

모감주나무 열매가 새들을 부른다

전자대리점 대형 화면 속으로 삼삼오오
아프리카 아이들이 모여든다 나는
모감주나무 열매를 주우며 젖을수록 맑아지는
아이들의 눈망울을 줍는다

가로수를 거슬러 가는 시립 도서관
열람실에 앉아 검색창을 열면
검게 빛나는 수정체 안쪽으로 초점이 맺힌
열매들 보인다 클릭 클릭, 새들은
근육 없는 아이들의 슬픔을 옮겨 놓고 싶지만
화면에선 무성하게 자라 오르던
열대 우림이 사라진다

눈물을 사이에 두고 아이들과 열매들이
까맣게 몸을 부빈다
들끓는 열매들 눈동자 깊은 곳을 돌아
상처 난 몸 양쪽으로 날아간다
노을 속으로 걷는 아이들
장난감 총으로 먼 곳을 향해 구멍을 뚫는다
유리처럼 투명한 두 개의 사막

〈

목이 마른 나는 하나의 울음
또 하나의 배고픔을 실에 꿰어 묶는다
모감주나무 열매들
나의 손에서 빙글빙글 돌아갈 때
지구 반대편의 웃음
살아 숨 쉬는 모감주나무의 꿈들이
구름 위로 떠오른다

벼룩에 대하여

작은 몸뚱어리 어디에 그토록 많은 피를 뽑아 올리는 위력이 숨어 있는지 흡혈귀보다 더 강한 흡반을 가지고 있는 녀석의 입을 보면 나는 괜히 등줄기부터 간지러워진다 아무리 먹어치워도 곧바로 배가 고파오는 세상에서 제 몸통보다 더 많은 피를 하루 저녁 양식으로 빨아들이는 녀석의 볼록한 몸통 앞에 인간은 참으로 가소로운 존재다 피로 가득한 비만의 몸통을 뒤뚱거리며 제 키보다 몇 배나 더 높은 공중을 수직 상승하는 모습을 볼 때마다 나는 누구의 누구에 의한 누구를 위한 양식인지도 모른 채 날마다 날뛰는 몸통을 생각해 본다 그러나 나에겐 벼룩의 날카로운 침에 대항할 힘이 없다 탄력 좋은 인간의 다리에 대항할 유전자는 더욱 없다

뛰어봤자 벼룩 같은 세상, 나는 또 다시 등줄기부터 간지러워지는 것이다

난장이가 물방울로 바윗돌을 깨뜨린 이야기

애야 애야, 옛날에 난장이가 살았단다 난장이는 시만 읽고 물방울을 양식으로 삼았지 그의 곳간에는 물방울만 있었어 난장이 마을에 거인이 나타났지 거인은 정원을 짓밟고 다녔어 난장이가 키운 해바라기 장미 채송화는 시들어 갔지 어느 날, 곳간에 있던 물방울도 거인에게 다 뺏기고 난장이는 아무것도 가진 것이 없게 되었어 정원에서도 쫓겨난 난장이는 눈물만 흘리고 있었는데 그 눈물이 다시 물방울이 되었어 난장이는 제 안에 물방울이 있다는 것을 알게 되었지 날마다 울어야만 나오는 물방울, 난장이는 그 물방울로 거인이 만든 바윗돌을 아주 오랫동안 조금씩 깨뜨렸대 바윗돌이 깨지면서 불이 일어났고 난장이가 다시 정원을 찾게 되었다는

옛날 아주 먼 옛날도 아닌 어떤 가장의 이야기

2부

프로이드의 침대

허기의 끝에 누운
바다

물결처럼 일렁이는
새들의 날개 밑에는
주검이
누워 있다

둥글게 부풀어 오르는
검은 빵의 경사면

요철처럼 일어섰다가
흔적 없이 내려앉는

바다는
물풀의 끝을 베고
잠이 든다

바다에 잠든 아이들

배 안에 물이 차오른다

죽음은 수평선 밖으로 사라지는 거라고
쉽게 말했던 사람들 다
어디로 갔나

죽음 밖에서 바라다보는
죽음의 깊이

열일곱 나이의 아이들은
기도의 심연을 알고 있다
떨어져 바다 밑바닥에 가라앉은
별들의 떨리는 손과
그 손이 긋는 성호를

배 안에서 몸은 꽁꽁 얼어붙는다

사라져가는 구름의 꼬리를
늘 시작으로 돌려놓는 아이들
바다의 팔을 베고 나무토막처럼

출렁거린다

바다는 한 쪽 팔을 내어주며
자장가를 부르고
다른 한 쪽 팔로 멍이 든
가슴을 찢고 있다

건포도에 대한 묵상

건포도만 보셔야 합니다

접시는 사라지고
오직, 한 점만 보일 때까지

건포도를 바라보다가
창밖의 참새를 본다
참새가 쪼아 먹는 홍시를 본다
건포도 하나에 집중하는 것이
이렇게나 힘들다니
접시 위 개미가 허둥댄다

다시, 건포도에 집중하세요
지금 이 순간 여기만 생각하세요

숨을 가지런히 하고
생각을 멈추고
멈추었다는 생각도 버리고
돋보기 속에 방황하는 빛을 끌어 모아
먹지를 태우듯이

〈
다시, 건포도에 집중합니다

말라비틀어진 눈. 코. 입. 귀
까만 젖꼭지는 낯이 익다
점점 부풀어 오르는 너
살아나는 캘리포니아의 포도
바다를 건너온 포도밭이 출렁인다
하늘은 말없이 내려앉는다

건포도 하나가 나를 들어올린다
접시를 박차고 걸어 나온다
검게 타버린 쭈글쭈글한 몸
마구 단내를 쏟아낸다

나는 포도밭 속,
뜨거운 태양 아래 선다

풍뎅이 날개로 지구를 돌다

태국의 아만다사마쿰 박물관

온종일 마당을 쓸며
그 자리를 벗어나지 못하는
사람들이 지나간다

왕의 의자는 풍뎅이 날개를 뽑아
수를 놓은 것이라는데

광채가 권력의 무거운 엉덩이를 떠받치고 있다
그 엉덩이 아래 짓눌린 날개가 일으키는 바람

해일을 일으킬 듯
소용돌이 폭풍을 몰고 올 듯
의자를 뒤집어 놓을 듯

파도를 안고 푸른 바다가 되어
지구를 돌고 있다

칸칸이 나뉜 벽이 사라진 밤

광장의 깃발처럼 펄럭이던 나무들

풍뎅이 날개 아래 잠잠하다

낙타, 피라미드

아라비아 반도를 떠도는 파라오의 유령은 만나지 못했다 유령이 빠져나간 무덤 속은 고요하다 낙타는 무덤 안으로 사람을 실어 나르고 굴러다니는 뼈로 벽화를 그린다 나는 아비의 죽음을 지키려고 태어났고 자식은 아비의 죽음을 알리기 위해 태어났다 낮과 밤처럼 찾아오는 죽음은 도시를 돌아가는 순환버스처럼 덜컹거리는 일, 밤이면 세차게 불어오는 모래바람이 납작해진 낙타의 등을 후려친다 태양을 업은 낙타의 등, 무덤을 비추며 사막을 걷는다 무덤을 빠져나온 사람들 낱낱이 모래알이 되고 무덤은 혼자서 둥글게 부푼다

무덤을 지고 사막을 횡단하는 낙타
자신의 등 속으로 들어가 눕는다

역류

1.

떠나는 순간 다시, 강을 그리워한다 남대천 가파른 물살이 그의 등지느러미를 후릴 때도 베링해의 밍크 고래가 아가리를 벌리며 달려들 때도 되돌아가야 할 곳이 있기에 더 멀리 흐를 수 있다 동지나해의 암초를 헤치며 갯장어들과 함께 해류를 탐색하고 폭포를 물어뜯으며 강으로 튀어 오르는 어족들

2.

강이 부풀어 오른다 유람선에서 쏟아지는 빛들이 검은 물결 위에 만화경 같은 그림을 그린다 불혹의 계단을 오르기 전 사흘 된 아기를 안고 태양 앞에 섰을 때처럼 어지럽다 살아 있는 것들의 숨소리에 귀가 먹먹했다 새로 돋은 잎의 순한 흔들림은 탱탱히 부풀어 오르던 내 젖몸살에 물꼬를 터주었다 그날이었던가, 잔잔히 흐르던 내 안의 강물이 치솟아 오르기 시작했던 것은

잃어버린 조각을 찾아서
– 퍼즐 맞추기

격자창을 지나온 햇살이
투명한 물고기처럼
내 앞을 지나간다

궤도에서 멀어져가는 지난 좌표들
천 개의 조각이 제자리로 돌아오면
잃어버린 얼굴 찾을 수 있을까

돛을 꿰매 바다에 띄운다
배가 통유리 안으로 들어온다

나는 발을 담그고 책을 읽는다
문자들이 하나씩 부두를 빠져나가고
새들이 그 뒤를 따른다

책 속의 길이 사라지며
물꽃이 피어난다

잃어버린 것도 없이
나는 가볍다

폭풍주의보 발효 중

산이 움직인다
회오리를 본다
구름들이 일제히 흘러간다
가로수들이 턱턱 관절을 꺾어
길바닥을 부순다
맨홀 뚜껑이 통째로 날아와
범퍼에 떨어진다
나는 뉴스에서 사라지는 것들의
깨진 뒷모습을 본다
빠르게 달아나는 다시는
붙잡을 수 없는 고요한 것들
문을 굳게 닫은 차들이 물속을
둥둥 떠다닌다
내가 나를 범람할 듯
범람하는 내가 두려워 수문을
열어놓는 시간
나는 지붕 위에 앉아
어디로 흘러가는지 알 수 없는
내 몸을 배웅하며
바람의 등을 온 힘을 다해
밀어준다

유리 실험실

인간은 나로 인해 진화할 것이다

내가 유리벽에 기대어 한 뼘씩 허무를 지울 때
유리 밖은 한 뼘씩 희망을 키운다

입 속에 칼을 숨긴 가시나무들이
둥글고 선명한 내 몸의 틈새에 무늬를 새기고

빈곳을 응시하는 사이에
강아지가 호수 공원을 폴짝거린다

두근거리는 심장을 거실 벽에 걸어 놓고
시간을 읽는다

얼어붙은 시간이 따뜻한 피처럼 빵에 스미고

빛나는 두 눈을 이마에 붙이고
검은 숲에서 먹잇감을 사냥한다

세상은 둥근 실험실

〈

나를 해부해 굶주린 배를 채울 때
실험실 밖 그 너머에서

풍선처럼 부풀어 오르는 너의 붉은 혀를
지긋이 눌러본다

갈릴리 호수

호수는 길게 누운 현악기

잔잔한 수면을 꿈꾸는 것은 내 마음이
잔잔하지 않기 때문이다 아니
성난 파도를 호령하는
성자를 만나고 싶다

그물에 걸린 물고기를 힘껏
던져 준다

지느러미로 물결을 끌어당긴다
비늘이 현을 뜯는다

줄과 줄 사이 여백이 떨리는 소리
행과 행 사이 말들이 울리는 소리

현을 따라 출렁이는 물고기
물고기 떼 몰려들어 춤을 춘다

둥둥 둥둥
성자가 다가온다

폭우

따다닥 따다닥 양철북 소리가 난다 우리를 뛰쳐나온 말, 땅바닥을 헤집는다 비는 헛짚으며 막무가내로 쏟아진다 이스트를 넣은 빵처럼 기억과 망각을 부풀리는 비, 습한 바람만 불어도 메마른 피부는 우기를 기다리는 어린 짐승처럼 부스럭거린다 나는 아파트에서 조감도처럼 젖어드는 강의 풍경을 본다 강물은 불어 나무를 하나씩 집어 삼킨다 강가의 산책로도 물에 잠겼다 강물이 빨갛게 부풀어 오른다 밤새 잠들지 못한 충혈된 눈이 둥둥 떠내려간다 짐승의 아랫배처럼 출렁거리는 길들, 날개 없는 길들이 수장되고 있다 길을 찾기 위해 요동치던 가슴을 쓸어내린다 내 안의 길을 지운다 질주하는 말 잔등엔 안장도 없다

저기,
물 위를 걸어오는 사람이 있다

바람은 썩지 않는다

나는 쿰란*의 목동
잃어버린 염소를 찾아 나섰네

동굴은 염소들의 놀이터
눈 맑은 염소가 보이질 않네

나는 뜨거운 모래밭을 염소처럼
맨발로 뛰어 다녔지

절벽 끝 마지막 동굴 안
잃어버린 염소 한 마리 항아리 곁에 있네

항아리는 제 안에 썩지 않는
가죽 두루마리를 품고

시간을 거스르며
천년을 하루처럼
깊은 동굴을 지고 있네

누군가의 감은 동자처럼

눈이 떠지길 기다리고 있네

마른 풀 씹으며 동굴 속 염소는 수염을 키우고
건조한 바람이 머무는 항아리 안은 고요하다

가죽에 새겨진 예언
한 자 한 자 하늘로 날아가고

나는 쿰란의 목동
염소의 쇠방울 소리 따라 사막을 건네

* 가장 오래된 성경 예언서의 필사본이 발견된 이스라엘의 도시

맛사다*에서 울다

국경을 넘어온 새가 모래언덕을 오른다

눈송이처럼 여린 먼지들
누구의 숨결이기에 이리
적막한가

광야의 끝은 초소
종려나무 껍질로 지붕을 이고
창문 없는 흙벽엔 등불을 달았다
죽고 죽이는 어둠의 시간에도 아내는
물항아리를 이고 와 밥을 짓고
장작불로 방을 덥힌다
지붕이 날아간 흙벽에 기대어 조국을 위해
목숨을 바쳤다는 사내를 생각한다
온돌방에는 뜨거웠던 순간이 남아 있고

깨어진 항아리 위에
먼 데서 날아온 새가 앉는다

적이 쏘아올린 초소 앞 돌포탄은

날아온 이유를 모르는지
무심한 얼굴을 비벼대는데
내 누이 앞세우고 다가오는 적에게
방아쇠를 당길 수도 없고
적에게 목숨을 맞기기도 싫은 사내들
벗을 향해 울부짖는다

"나를 죽여주시오!"
"나를 먼저 죽여주시오!"

최후의 전투는 내가 나를 죽이는 것이다

마지막으로 남은 한 사내의 고독한 외침이
하얀 깃발로 펄럭이는 광야
사해를 쓸고 온 바람이 모래밭에
소금기둥을 세운다

자신을 죽이는 것이 무엇인지
알지 못하는 새가
부리 끝에 절벽을 물고
날아오른다

*요새란 뜻을 가진 히브리어로 이스라엘과 로마군의 마지막 전투가 있었던 곳

바다로 간 코끼리

코끼리를 찾으러 사막엘 갔지 주름살 깊은 늙은 바위가 코끼리는 고독을 싣고 바다로 떠났다고 한다

사막을 에둘러 돌아오는 길, 신전에서는 코끼리가 사람들에게 큰 절을 받고 있다 코끼리는 떠나온 고향을 기억하고 있을까

코끼리는 바다를 건널 수 있다고 생각한 거다 노처럼 넓은 귀를 저어 수평선을 넘고 싶은 거다 다리를 사원의 기둥처럼 바다에 박고 서 있는 코끼리, 긴 코로 수평선을 말아 올려 바다만 둥글게 둥글게 부풀리고 있다 사막의 고독은 파도에 쓸려 수평선 끝으로 멀어지고

파도가 가죽처럼 겹겹이 구겨져온다 주름과 주름 사이의 바위들 작은 모래알 되어 푸른 바다를 안는다

3부

꽃의 슬하

하동에서 쌍계사로 이어지는 길

벚나무는 늙고 늙어서 환한 봄이다 백년을 살아도 오는 봄은 늘 유년이다 저 속에 길을 내고 집을 지을 수 있다면, 꽃의 슬하에 머물 수 있다면, 나도 저물고 저물어서 벚나무 꽃길 속이다 꽃잎 한 잎 한 잎에 어두웠던 순간들을 들어 올리며 간다

체기를 내리는 바늘처럼 한 땀 한 땀 꽃망울을 터뜨리는 나무

어항 속 제브라

통유리 창가에 앉아
제브라를 본다
으밀아밀 내게도 물방울 따라
올라가고 싶은 말 있었다
창밖을 향해 피어나고 싶은 말 있었다
수면에 닿는 순간 터져버리는 물방울처럼
나의 언어도 허방에 흩어지는
물방울 같은 것일까
볕 좋은 날 유리벽에 끼어 있는
이끼를 뜯기 위해 모여드는 제브라
유리벽에 입 맞추며 논다
벽을 사랑하기 시작하면서부터
사는 법을 익혀가는 제브라
숨찬 말들이 방울방울 창문을 두드린다
창밖엔 햇살이 쏟아지는데
각질처럼 비늘이 일어난다
허리가 굽기 시작한다
나의 잃어버린 말들처럼
살아온 길들을 다 잃어버렸는지
어항 속 수초에 안겨 있다

〈

물방울꽃 하나가
수면 위에서 피어난다

섬

하루를 살면 하루만큼의 흔적이
책상 위에 올려진다, 오늘은
새의 발자국처럼 찍혀 있는
고속도로 통행료 영수증
아직도 섬에서 학생들을 가르친다는
옛 직장동료의 파도소리 박힌 전화번호
신문에서 오려낸 가난한 시인의 삶이
오래된 흑백 사진처럼 더해진다
버리는 일에 익숙하지 못한 나는
책꽂이며 책상 서랍까지 조각들을 채워
소란스런 물결을 남긴다
쌓이고 쌓이다가 어느 순간
한꺼번에 무너지는 날 있을 것이다
어떤 정열의 소용돌이가 절정에 이르는 순간,
바로 그 순간 영혼 속에는
엄청난 침묵이 찾아든다*

침묵은 섬이다
망망대해 해도에 없는
무인도 같은

〈

책상 위 오랜만에 펼쳐든
나의 섬

*장그르니에의 '섬' 민음사 102쪽

유혹의 산

교차로에 서면
늘
흔들린다

(유혹의 산을 가는데 얼마면 되겠습니까
나는 저 산에 꼭 유혹되어야 한답니다)

그늘 하나 없는 모래밭 초입,
케이블카와 늙은 낙타가
값을 흥정한다

기어코 저 산에 오르고 말리라
거울 앞인 듯 유혹 앞에 나를
세워두리라 했는데 그만
반짝이는 상품들만 한 아름 안고
귀가 길에 오른다
버스의 바퀴가 구른 뒤에야
비닐봉지 안에서 터져 나오는
교묘한 웃음소리

〈

유혹의 산을 떠나온 후
이천 년 전의 남자를 성당에서 만난다
매일 빵을 구워주는 남자는
사람은 빵으로만 살지 못한다고 한다 나는
입 안에 들어가면 빵이 아니라는
남자의 유혹에
넘어가고
있다

암사마귀의 꿈

성찬을 마친 암사마귀
길을 잃고 부푼 배를 감싸고 있다
가야 할 길을 찾지 못해
콘크리트 바닥에 웅크리고 있다
마지막 꿈을 이루려 응축된 두 눈
지나온 길을 한 발 한 발 되짚는다
수컷 제 안에 품고 살다가
연둣빛 마알간 꿈 보글보글 쏟아내고
한 잎 낙엽처럼 부서져갈 몸
호박잎으로 감싸 싸리꽃 피어 있는
무덤가에 내려놓는다

(그 남자 서서히 작아지고 있다 일조량이 부족해 생긴 병은 허리를 굽게 했고 남자가 서서히 작아질수록 햇빛에 그을은 아이의 키 간짓대처럼 커져 갔다 남자는 휘어진 허리 한 번 펼 줄 모르고 둥근 알이 되어 갔다)

남편 잡아먹었다고 손가락질 받을수록
살아야 할 힘이 솟아난다 아니

사람들의 억지소리에 더 간절해지면서도
길은 아득히 멀어진다 처음부터
만들어진 길은 여자의 길이 아니다
병원 앞 아스팔트 길
타이어 타는 냄새 속을 걸어간다
퉁퉁 부푼 배를 안고
위태롭게 길을 건너는 저 여자
한 발 한 발 움직일 때마다 풀잎들
길을 열어준다

소리의 유랑

깊은 기슭 말 건네는 물소리
소리를 따라 조금씩
하류로 스며든다

물이 모래알 사이로 빠져나갈 때
낙타풀을 씹듯 네굽 짐승의 바닥 모를
허기 속을 달린다

유리조각 위를 꿈틀거리며 지나가는 지렁이

사람들 사이를 비집고 들어가는
미끄러운 혀들

산딸나무 열매는 응결된 산의 침묵

뿌리를 드러내고 누운
나무를 깨우며
비비새들이 틈새를 빠져나간다

젖은 몸 말리는 옥상의 빨래들이

나프탈린 냄새를 풍기며 날아간다

무너지다 말고 새로 솟구쳐 오르는
침묵 너머

원하는 곳에 이르지 못한 저
투명한 소리들

물푸레나무

지리산 비린내 계곡에 비린내가 난다
그날의 피비린내 난다

웅숭깊은 산 출렁다리 밑에
물푸레나무 살고 있다

물속에 뿌리내려 온몸이 부르터도
돌과 돌 사이의 뿌리 옥죄어도
하늘만 보고 있는 나무

제 속의 핏빛을
하늘색으로 풀어내고 있는 나무
신음도 한도 어느새 삭혀
쪽빛으로 번져간다

천연염색공 항아리에 이식해
아파트 베란다로 옮긴다

꺾이고 삭지 않고서는
물푸우레 물푸우레 풀어내지 않고서는

아무 것도 물들일 수 없다는 걸 아는 듯

항아리 속에서 번져가는
푸른 하늘

점자

손가락 끝의 지문으로
연못물처럼 퍼져가는 내 몸의 무늬로

글자를 더듬는다

파도가 해변을 밀어가듯이
바람이 까끌한 보리밭을 쓸어가듯이

저물녘 어머니의 손이
소의 잔등을 쓰다듬듯이

눈을 잃고 나서
깨어나는 감각

점자가 등불을 켠다

손가락 끝에
삼십촉 알전구가 켜진다

꾸욱꾹 눌러온 말들이

몸속을 파고든다

이제 내가 글자다

봉강저수지

산그림자 곁을 수행자처럼 먹빛 장삼자락 스친다
갈참나무를 흔들며 떨어지는 빗소리 품에 잦아든다
눈동자를 파먹고 자라는 바들붕어들, 낚시꾼들은 열
손가락에 바늘을 꽂고 미끼도 없이 내 안을 휘젓고
다닌다 물고기 한 마리 빠져나갈 때마다 살갗이 찢어
지며 소스라치다가 이내 흔적은 지워지고 만다 피라
미 떼 몇이 눈가의 투명한 주름을 뜯어먹고 병든 물
고기는 찌그러진 깡통처럼 납작하게 누워 등을 구부
린다 실직한 가장이 찾아와 연거푸 술잔을 부어댄다
빈 집처럼 적막한 건조증으로 퀭한 저수지

바위에 앉아 죽은 눈동자를 들여다보는 구철초의
눈썹이 떨고 있다

명옥헌 팽나무

늙은 팽나무가
돌개바람을 불렀다
장렬한 최후를 맞기 위해
산정을 오르는 짐승의 고독을
나무는 알고 있다
더는 넓어지지 않는 그늘과
말라비틀어져가는 자신의 품이
나무는 견디기 힘들었을 것이다
많은 사람들 앞에서
툭, 생을 놓아버린 팽나무
하얀 살의 온기가 눈부시다
평생을 한자리에
서 있었던 나무의 이력이
둥글둥글 피어난다
수도관을 뚫고 나온 물처럼
콸콸콸 쏟아져 나오는 생목의 향기
들이마신 숨을 따라
나무의 향 몸속으로 번진다
연못 속 배롱나무
다시 태어나고 있다

돌의 연대기

무덤가에서 3시간을 놀자는 아버지, 3시간은 백 년 동안 전해 내려온 고독을 이야기할 수 있는 시간

아버지와 나는 할머니께 재배를 올린다 겨울이면 열 살배기 아들에게 돌을 구워 호주머니에 넣어줬다는 할머니, 그 돌에 손을 녹이던 작은 손이 평생 언 곳을 녹이다가 쭈글쭈글한 손이 되었다

손바닥으로 띄엄띄엄 무덤을 건너는 아버지, 햇살에 달궈진 작은 돌멩이 하나를 내 주머니에 넣어준다

손바닥 안에서 돌을 굴린다 모두가 무덤처럼 둥그렇게 부풀어진다 꽃도 바위도 산까지도 그렁그렁 할머니 얼굴이다 허리를 꺾으며 몸을 비트는 억새가 할머니 따라 고개를 넘어간다 치마끈으로 바람을 묶어가며 새벽기도를 하던 할머니, 바위에 앉은 호랑이도 파란 불을 밝히며 지나갔다는 백운산 언덕

백 년 동안 닳아진 돌의 설화가 내 안으로 들어온다 가을 햇볕에 구운 돌의 체온, 희미한 불빛이 내 안에 등을 켠다

느티나무 요양원
–해피 트리

허리가 굽은 아들에게 사람 조심해라, 사람 조심해라, 사람한테 데인 기억만 남아 있는 말숙 할머니

제 어깨보다 큰 가방을 짊어지고 온종일 누군가를 기다리는 할머니, 기다림에 지친 노인의 발자국을 세며 해피트리는 창가에 서서 망을 본다 오가는 것은 유리문을 뚫고 들어오는 햇살뿐 햇살의 요정이 춤이라도 추며 달려올까 잎사귀 쫑긋거린다

깊은 밤 속앓이 소리 벽을 넘는다 해피트리는 자신의 이름이 무거워 고개를 떨구고 느티나무는 해피트리의 캄캄한 뿌리를 보듬고 달빛을 퍼 나른다 아직 돌아오지 못한 사람이 있어 태양은 다시 떠오르고 해피트리는 복도에 풀어놓은 할머니의 젊은 날을 지운다

거꾸로 책을 읽는 할머니를 보고 환하게 웃고 있는 해피트리

죽은 나무에 물주기

둥근 잎이 시들해지는 한낮

죽은 나무는 담장을 넘는 키로 정원을 지킨다 죽은 나무를 살아 있게 하는 것은 키 작은 나무와 목이 가느다란 꽃들, 좁은 마당에 뿌리내린 나무들은 쭈굴쭈굴 부르튼 젖줄을 혓바늘 돋도록 빨아먹는다 그녀가 죽은 나무에 물을 줄 때면 나는 죽은 듯이 나를 바라본다 꽃무늬 원피스를 입고 꽃밭을 뛰어다니는 아이, 해당화 꽃잎에 아이의 분홍빛 입술이 포개진다 젊은 엄마가 감나무 생가지를 꺾어 빈 땅에 접을 붙이고 아이는 떨어진 감꽃으로 목걸이를 만들어 엄마의 가슴에 걸어준다

더 이상 죽을 것이 없는
이미 죽은 나무

백련사 동백꽃

동박새 어디론가 날아오르자 산 채로 뚝뚝 떨어지는 꽃송이들, 저들도 새를 따라 날아오르고 싶었나봅니다

저 불꽃보다 뜨거워 대궁째 목을 꺾기에 좋은 나이라 믿던 그 시절 뿌리 가까이 노을을 깐 내 사랑 홀연 깃털처럼 가벼이 떠나갔습니다

멀리 사라지는 것은 나의 中心으로 숨는다는 걸 몇 번의 동백꽃 피고 지고야 알았습니다

동백꽃 떨어진 그 자리, 언젠가 둥근 열매 맺힌다는 것 아는 듯 다시금 날아온 동박새의 울음, 그리 슬프지만은 않습니다

눈보라 속 얼어붙은 백 년의 시간, 한 방울 기름이 되어 늙은 여자의 머리를 빗질합니다

4부

저물녘 나뭇가지

탈수증이다
각질이 일고 살갗에
습기가 없다
열매들마저 떨어져나간 나무,
나무들은 퍼석하게
여위어 가고
수수 알갱이처럼 까슬까슬한
바람이 지나간다
나이테 둥근 트랙을 따라
한평생 제 속을 돌고 돌아도
그 자리인 나무들
수척하게 뻗어간 가지 끝
열 갈래 스무 갈래
뻗어간 모세혈관 속으로
저무는 노을

우울한 사자

한 손에는 칼
한 손에는 저울

불 꺼진 자리에서 살아나온 사자가
늙지 않는다

심장에 불덩이를 품으신 아버지가
자신을 후벼 판다

아버지, 이제 꽃의 미련을 버리세요

오늘은 서재의 책들을 부둥켜안고
온몸이 벌겋게 타오른다

사자의 밥이었던 책들
검게 타버린 밥상 앞에서 사자는
배가 고프다

몸의 모서리를 하얀 알약으로 채운
사자의 눈에 어른거리는

철없는 자식들

무릎 꿇고 앉아 아버지가 들려주는
옛이야기 듣고 있다

닳고 닳은 이야기에서 불꽃이 피어난다

편백 사원

백운산 비탈진 곳
편백 사원이 있다
파르테논 신전보다 더 높은 기둥은
오늘도 하늘을 향해 조금씩 키를 세운다
기둥의 끝은 아득해 보이지 않는다
천장도 바닥도 사방에 벽 하나 없이
기둥만으로 세워진 아니
모든 것이 있어서 기둥만으로
완성된 사원
물기 흐르는 기둥엔 이끼가 산다
그 기둥에 등을 기대면 푸른 동맥이
톡,탁,툭,탁, 가슴을 두드린다
저 기둥을 늑골로 삼고 싶은 나는
나무를 베지 않고는
살 수 없는 서러운 짐승
눈을 감는다
어둠 속에서도 향기는 길을 잃지 않는다
피톤치드가 경 읽는 소리처럼
울려 퍼지는 곳
햇빛과 바람과 신이 소통하는 사원
가지 못한 길이 일어선다

느티나무

바위 틈새에 발톱을 박는 반달가슴곰의 길을 나무가 앓는다 바람에 흔들리는 층층나무 푸른 잎맥을 끌어당겨 불을 밝힌다

일렁이는 불그림자, 톱날이 지나가던 낭떠러지의 순간들 짐승처럼 울어댄다 아직 꽃을 담고 있는 마지막 고함 소리 온 산으로 번져간다 산의 무게를 지탱했던 탄력이 눈부시다 이백 년의 앞과 뒤, 서로 맞물려 머리를 조아리는 경계에 쓰러진 나무의 진액을 빨고 있는 민달팽이들

벌목꾼들은 둥근 몸통을 트럭에 싣는다 느티나무는 사람의 집이 되고 싶었을까 나무 냄새가 산을 끌어안는다

엄마의 옷장

항상 네 귀를 세우고 자신의 안을 향해 골똘히 귀를 기울이고 있는 옷장

비 듣는 소리에 귀 쫑긋대는 오동나무 너른 잎사귀처럼 가만히 귀를 대본다 오동나무 둥근 뿌리가 물을 길어 올리듯 우물물을 길어 올리는 엄마, 텅 빈 항아리 가득 물 차오르는 소리 들린다

엄마는 가끔 이 우물 속으로 들어간다 두레박줄처럼 풀어놓은 실 꾸러미를 들고 자신의 울음에 찰랑 닿는 소리가 들릴 때까지 목마른 뿌리를 찾다 돌아온다

엄마가 시집 올 때 가져온 비밀의 방, 오동나무 옷장에는 아직도 나뭇잎 서걱거리는 소리가 들린다

뻗어간다 담쟁이처럼

시를 밥처럼 짓는다 담쟁이 흡반으로 벽을 더듬듯 한 자 한 자 시를 쓰는 아버지, 담쟁이는 벽이 끝나는 자리에서도 허공에 길을 낸다

시내버스도 끊긴 추운 밤, 인쇄소에서 마감 원고를 정리한 아버지는 어린 딸의 손을 잡고 광주천 다리를 건넌다 그때 도시락에서 부딪치는 쇠젓가락 소리 덮으려고 얼어붙은 하늘로 커져만 간 아버지의 시 읊는 소리

겨울 아침 어머니는 깊은 데서 물을 퍼 올려 밥을 짓는다 물이 벽을 타고 기어오르고 벽마다 푸르게 뻗어가는 담쟁이 웃음소리, 그 소리에 눈 뜬 아이 담쟁이가 낸 길 위에 선다

햇차

태어나자마자 삶의 모습을
바꿔버린 새순들

몸을 바꾸지 않고는 닮을 수 없어
불가마 속으로 몸을 던진다

청보리 밭을 쓸고 온 바람
불길 건너는 새순들의 아우성에 놀라
숨죽이며 지나가고

연둣빛 타오르는 찻잎들
불을 머금은 물결 출렁인다

사막으로 들어가서
말씀 한 벌 얻어온 영혼이다

마른 화상 자국에서 흘러나오는 향기
나를 깨우는 회초리다

말라붙은 혀에서 맑은 물 우러나온다

말라붙은 혀가 내 혀를 적신다

차 한 잔에 한 그루의 차나무가 서 있다

흰구름 중학교

애기별꽃, 봄까치꽃
채소 모종을 들고
장애우들과 산을 오른다

견고하게 뭉쳐 있던 흙들 엎어질 때마다
얼어붙었던 산맥이 근육을 푼다

지렁이가 몸을 비틀며
흙 알갱이를 해산하는 시간

상추 토마토 가지 오이 연한 살이
지렁이가 내는 길 속으로 스며든다

지적 장애우 영선이는
휠체어에 앉아있는 형철이가 마음에 걸려
토마토 모종을 들고 외친다

"형철아 내가 네 것까지 심어줄게."
형철이의 두 볼이 방울토마토처럼 붉어진다

〈

모판을 나온 채소들 산비탈에 서서
백운산 바람의 길 바꾸고 있다

3월, 감태나무

나뭇잎이 말라붙은 뒤에야
여울 소리 들려온다

검불을 헤집고 제비꽃이 필 무렵

감태나무 누런 잎이 마른 가지에
비틀어진 등을 비빈다

바삭바삭 몸 부비는 소리 숲에 가득할 때
서해바다로 몰려드는 조기 떼의 퍼덕거리는 소리
봄 산에 튀어 오른다

부풀어 오르는 아랫배를 헤진 잎으로 가리고
묵은 잎들은 바람을 불러들인다

새도 앉지 않는 나무가
분홍빛 싹을 낳는다

새 잎이 헌 잎에 기대어
햇살 빠는 소리 언덕을 넘을 때

〈

공원 산책 길
지나가는 노인이 아가의 손을
살며시 놓아준다

여전히 가지가 손목을 쥐고 있다는 듯
아장거리는 봄날

생강 냄새의 시간

울퉁불퉁 생강 씻으며
관절염 앓은 엄마 발가락 떠올린다

한 번도 씻겨드린 적 없는 엄마의 발

거무튀튀한 껍질 속 맑은 속살
물속에서 불빛처럼 번진다

햇빛 없는 나날을 걸어온 발가락
어둠을 톡톡 부러뜨린다

메마른 발자국 한 발 한 발 다가온다
저밀수록 방 안을 가득 채우는 발자국 소리

맵고 아려 썩지 않는 기억들
생강 속살처럼 얇게 저며진다

채반 위 생강에 일렁거리는 노을,
한 켜 한 켜 쌓인 설탕과 생강 속에
녹아드는 저녁 햇살

〈
가파른 길 위의 뭉툭한 발
내 안을 걷는다

코알라와 유칼립투스

코알라가 유칼립투스 나뭇가지를
움켜쥔 채 잠들어 있다

동물이 아닌
한 잎의 나뭇잎처럼

나무는 코알라의 지문을
잎맥처럼 품고 있다

코알라가 온몸에 찍어대는 무늬를
제 몸의 무늬로 읽고 있다

죽는 순간까지 유칼립투스 잎만 먹고 살아가는
물도 마시지 않는 코알라의 편식증

무서운 그의 몰입 속으로
빨려들어 간다

호주 렙타일 파크
아기를 업은 어머니처럼

나무는 자장가를 부르고 있다

내 손바닥에도 푸른 잎맥이 보인다
어머니를 쥐었다 놓친 흔적

탱자나무 울타리 집에 대한 기억

텃밭이 있던 작은 집, 탱자 가시로 사방을 경계하고 있었다 그런 때면 참새들이 가시를 뚫고 우루루 날아올랐다

이사 온 첫날, 아궁이에 가득한 물을 퍼내던 어머니의 눈빛 분명 젖어 있었을 것이다 빈터가 흉터로 보였는지 어머니는 빈 땅마다 나무를 심어나갔다 묘목장수도 버리고 간 못난 나무를 주워오던 날, 집 잃은 강아지 한 마리 나뭇잎처럼 바람에 쓸려 따라오곤 했다

텅 빈 여름, 마당에 싸리비질을 하던 소낙비 밥알 등에 지고 가던 개미들의 순례길 먼 곳으로 바꿔 놓았다 그런 날이면 나도 개미들과 함께 길을 잃기도 했다 그때마다 아버지는 젖은 머리카락 빗질하듯 한 올 두 올 빗소리 헤곤 했다

얘야, 옛날에 가시 면류관을 쓴 사내가 있었단다 가시를 쓰고 세상을 품은 사내가 있었단다

〈

새벽마다 울타리에 내려앉은 참새들 탱탱탱, 내 늦은 잠을 깨워 주었다 가시에 찔린 바람 나무의 둥근 허리 때리기도 했고 구멍 난 문풍지 우우우 울게도 했다 풍뎅이가 마당을 쓸고, 쐐기가 불총을 놓고, 땅바닥에 종기종기 엎드린 채송화가 공터 가는 길을 환히 밝혀주던 집

불아궁 속에선 탱자나무가 환하게 탄다 굴뚝 위로 풀어져 나오던 저녁연기 하늘 끝으로 모람모람 멀어져 간다

어부

손이 큰
어부가 있다

나는 그 손을 타고
바다 건너 이곳으로 왔다

그물을 당기는 손끝으로
길들이 따라온다

미사포로 머리를 덮을 때마다 나는
그물에 갇힌 한 마리 물고기

지느러미처럼 두 손을 모은다

바다보다 넓은
어부의 손에는

커다란 빵

나는

어느새 꿈뻑이는
눈물방울

출렁이는 물 한 방울
끌어당기며 온다

강물의 문장

강물이 마른 땅에 줄을 긋는다

밑줄 위로 꽃무덤 짊어진 벚나무가 서 있다

나무에 기댄 여자가
발 하나를 걸치고 외줄타기를 한다

꽃은 태어나자마자
무덤이다 무덤을 무덤덤하게
강물 위에 띄운다

높이 날아올랐다 떨어지는 꽃잎에
강물이 부르르 몸을 떤다

우듬지 끝에 오른 강이
물보라를 일으킨다

단 한 줄도 받아 적을 수 없는
밑줄 위의 글들

〈

여자는 강가에 앉아
강물이 그은 문장을 읽는다

강이 부려놓은 밑줄을
줄 타는 세상의 밧줄로 쓴다

■□ 해설

'풍뎅이 날개'를 찾아 사막을 걷고 있는 시인의 삶

이성혁(문학평론가)

1

대개 시인은 그의 첫 시집에 시를 쓰게 된 계기를 암시적으로 드러내는 시를 싣곤 한다. 특히 첫 시집의 맨 앞에 실린 시가 그러한 시일 경우가 많다. 첫 시집에 실린 첫 시. 그 시는 시인 평생의 세계를 여는 첫 관문이기에 그에게는 소중하지 않을 수 없을 것이다. 그래서 시인은 이 첫 시에 첫 시집의 시세계를 압축적으로 제시하거나 자신이 시를 쓰게 되는 계기가 된 경험을 비밀스럽게 담아내곤 한다. 여기 박성희 시인의 첫 시집, 이 『풍뎅이 날개로 지구를 돌다』에 처음 실린 「가시꽃」도, 박성희 시인의 시가 어떻게 태어나게 되었는지 상징적으로 드러내고 있는 것으로 보인다. 그리고 「가시는 환하다」라는 시에서도 그가 시를 쓰게 된 곡절이 상징적이고 암시적으로 드러나 있다. 두 시의 제목에서 알 수 있듯이, 시인이 시를 쓰게 된 연유는 '가시' 때문이다.

혀에서 가시가 돋는다

가시 속에서 꽃이 핀다

입은 커다란 정원

꽃들이 길을 연다

—「가시꽃」 전문

"혀에서 가시가 돋"았기에, 시인은 말을 할 수밖에 없었을 것이다. '가시'는 상처, 고통과 관련된다고 할 때, 마음을 찌르는 고통들이 가시로 돋아나면서 고통이 그를 말을 하기 위한 시 쓰기에로 이끌었을 것이다. 하지만 시는 그러한 고통의 토로로만 써지지 않는다. 그러한 글은 일기와 같은 산문이 되어버릴 것이다. 시는 이 고통 속에서 아름다움을 발견할 때, "가시 속에서 꽃이 핀다"는 것을 발견할 때 비로소 시는 써질 수 있다. 이 발견은 가시들이 돋은 입 안이 '정원'이 될 수 있다는 깨달음을 낳을 것이다. 그래서 그 가시 속의 꽃들을 돌보아야지만 시작(詩作)의 시작이 가능해진다. 고통 속의 아름다움을 돌보다 보면 꽃들이 길을 열기 시작할 것이며, 그 길을 통해 시의 말들이 입 밖으로 나올 수 있게 되기 때문이다. 박성희 첫 시집의 첫 시인 위의 시는, 이 시집이 시인 자신의 고통 속에서 찾아낸 아름다움을 돌보면서 써졌다는 것을 암시한다. 또한 시인은 「가시는 환하다」에서, 가시로 현상하는 고통 속에서 피어나는 아름다움에 대해 아래와 같이 말한다.

바깥을 향해 뻗어 있는 가시는 더 이상
자라지 않았어 실은
제 몸속으로만 깊게 파고들며 나의

숨소리를 찌르곤 했어
가시와 가시 사이 새들은 둥지를 틀고
어린 새들이 날갯짓을 했어
가시가 박힌 자리마다 환한
빛이 피어났지

–「가시는 환하다」 후반부

위의 시는 가시 속에서 아름다움이 피어나는 과정을 보여준다. 밖으로 돋아난 가시가 더 이상 자라지 않고 "제 몸속으로만 파고들며 나의/숨소리를 찌"른다는 시인의 진술을 보면, 그의 고통이 숨쉬기조차 힘들 정도로 극심했었다는 것을 짐작할 수 있다. 하지만 고통(가시)과 고통(가시) 사이에 새가 날아들 수 있는 공간이 생기면서 "어린 새들이 날개짓을" 할 수 있게 되고, 그리하여 "가시가 박힌 자리마다/환한 빛이 피어"날 수 있었다는 것, 그 피어나는 빛이 바로 꽃과 같은 아름다움을 피워냈을 것이다.

이렇듯 박성희 시인에 따르면, 고통 속에서 아름다움이 피어나며, 그 고통과 아름다움의 융합은 시를 키워내기 시작한다. "상처에는 무늬가 생겨나/푸른 잎 돋아"(「명상의 집–노각나무」)나듯이 말이다. 하여, 박성희 시인의 롤 모델은 상처에서 무늬를 생성하는 '노각나무'라고 할 것이다. 그는 「시인의 말」에서, 이 시집이 전달하고자 하는 바의 핵심에 대해 "환한 빛을 머금은 노각나무가/제 몸에 선명한 무늬를/새기는 것에 대해 말하고 싶다"고 말한 바 있다. 노각나무는 '환한 빛'을 머금을 수 있었기 때문에, 상처를 변환시켜 제 몸에 무늬를 새길 수 있었을 터이다.

하지만 꽃의 개화에는 빛만 필요한 것이 아니라 수액도 필요한 것, 그래서 꽃을 완전히 피우기 위해서는, 즉 완연한 시 한 편을 세상에 내놓기 위해서는, 시인은 "무늬에 묻은 때를 벗기"(「명상의 집-노각나무」)는 작업을 해야 한다. 그래야만 "숭숭 구멍이 뚫"리고, 그 구멍으로 "목관악기의 통로를 지나는 오래된/물소리"(같은 시)가 들리기 시작하면서 '맑은 꽃'이 피어날 수 있는 것이다. 다시 말하면, 상처로 인해 생긴 무늬-아름다움-에 묻은 때들을 닦아냄으로써 물을 전달하여 꽃을 키워낼 수 있는 수관이 뚫릴 수 있으며, 이 수관을 통해 흐르는 물소리를 들으면서 시인은 비로소 자신이 쓸 시의 내면적 리듬을 형성할 수 있는 것이다. 저 물소리는 이 시인 내면에서 피어나고 있는 '시의 말들-꽃들'이 형성되는 과정에서 들려오는 리드미컬한 소리일 것이기 때문이다.

2

1절에서의 독해에 의하면, 박성희 시인에게 시 쓰기란 고통을 아름다움으로 변환하면서 시의 말을 형성해나가는 작업이다. 그러나 그 과정은 순조롭게 진행되는 것만은 아니다. 그 일은 어떤 격정 속에서 이루어지기도 하는 것이다. "내가 나를 범람할 듯/범람하는 내가 두려워 수문을/열어놓는 시간"(「폭풍주의보 발효 중」)이 필요할 때도 있다. 이때 시인은 "어디로 흘러가는지 알 수 없는/내 몸을 배웅하며/바람의 등을 온 힘을 다해/밀어준다"(같은 시)고 한다. 시인 내면에도 폭풍우 치는 날이 있는 것, 이때에는 '내'가 범람해

버리지 않기 위해서라도 마음의 수문을 열고 '나'의 마음을 떠미는 바람을 "온 힘을 다해" 밀면서, '나' 자신을 거센 강물에 떠내려가도록 보내야 한다. 그렇게 폭풍우에 밀려 격렬하게 어디론가 흘러가는 자신의 상황에 대해, 시인은 다음과 같이 인상 깊게 묘사하고 있다.

> 따다닥 따다닥 양철북 소리가 난다 우리를 뛰쳐나온 말, 땅바닥을 헤집는다 비는 헛짚으며 막무가내로 쏟아진다 이스트를 넣은 빵처럼 기억과 망각을 부풀리는 비, 습한 바람만 불어도 메마른 피부는 우기를 기다리는 어린 짐승처럼 부스럭거린다 나는 아파트에서 조감도처럼 젖어드는 강의 풍경을 본다 강물은 불어 나무를 하나씩 집어 삼킨다 강가의 산책로도 물에 잠겼다 강물이 빨갛게 부풀어 오른다 밤새 잠들지 못한 충혈된 눈이 둥둥 떠내려간다 짐승의 아랫배처럼 출렁거리는 길들, 날개 없는 길들이 수장되고 있다 길을 찾기 위해 요동치던 가슴을 쓸어내린다 내 안의 길을 지운다 질주하는 말 잔등엔 안장도 없다
>
> 저기,
> 물 위를 걸어오는 사람이 있다
>
> -「폭우」 전문

폭우가 내려 시인이 마음의 수문을 열었을 때, 시인의 말(言)은 "우리를 뛰쳐나온" 말(馬)처럼 "땅바닥을 헤집"을 것이다. 시인은 폭우에 의한 급류에 실려 어디론가 떠가듯이, "안장도 없"는 말 잔등 위에 타고 이미 그 자신이 지워버린

길 위에서 어디론가 질주한다. 이렇듯 폭우는 격렬하게 질주하는 마음을 유발하는데, 그것은 폭우가 "기억과 망각을 부풀리"기 때문이다. 부풀려지는 기억은 상처의 기억 아니겠는가. 시인의 마음은 이 부풀어 오르는 기억을 망각하고자 억누를 것이다. 망각 역시 부풀어 오르는 것은 그 때문이다. 기억과 망각의 격렬한 투쟁이 일어난다. 이때의 감각은 "습한 바람만 불어도" 부스럭거리는 어린 짐승의 "메마른 피부"와 같다.

시인의 이러한 육체적·정신적 상태는 점차 폭우가 내리는 강의 풍경과 조응한다. "나무를 하나씩 집어 삼"키면서 "빨갛게 부풀어 오"르는 강물. 이 강물의 모습은 시인 자신의 "밤새 잠들지 못한 충혈된 눈"과 닮았다. "짐승의 아랫배처럼 출렁거리는 길들"은 시인의 폭우에 젖어 '요동'치고 있는 마음의 모습이라고도 말할 수 있으리라. 시인의 정신에 질서를 부여해주었던 길들은 '수장'된다. 하여, 이제 급류에 떠밀리듯 시인의 마음은 방황하기 시작하며 그의 말(言, 馬)은 격렬하게 어디론가 질주하게 되는 것이다. 하지만 이때 시인은 "저기,/물 위를 걸어오는 사람"을 발견한다. 이 사람이 누구인지, 이 시에서 시인은 말해주지 않는다. 어쩌면 시인 역시도 저 사람이 누구인지 모를 지도 모른다. 그는 저 격렬하게 출렁거리는 강물 위를 누군가 걸어온다는 사실에 대해 놀란 듯이 말을 하고 있는 것이다.

시인이 「섬」에서 "어떤 정열의 소용돌이가 절정에 이르는 순간,/바로 그 순간 영혼 속에는/엄청난 침묵이 찾아든다"고 말하는 것을 보면, "물 위를 걸어오는 사람"은 '정열의 소용돌이' 속에서 다가오는 '엄청난 침묵'과 같은 존재라고도 말할 수 있다.(이 시에서 시인은 그 '정열의 소용돌이'와 "쌓이고 쌓이다가 어느 순간/한꺼번에 무너지는 날"을 관련짓고 있는데, 저 소용돌이가 폭우에 의한 것이라고 말할 수 있으므로, 폭우란 쌓아왔던 것이 "한꺼번에 무너지는" 현상을 의미한다고 할 것이다. 그리고 그가 만들어놓은 길들이 한꺼번에 폭우로 불어난 붉은 강물에 삼켜지는 사태, 그것이 바로 정열의 소용돌이라고 말할 수 있을 것이다.) 시인은 이 침묵을 "망망대해 해도에 없는/무인도"(같은 시)로 이미지화한다. '영혼'에서 일어난 '정열의 소용돌이'가 절정에 이르렀을 때, 비로소 발견한 이 '무인도'와 같은 침묵.

시인은 폭우로 인한 영혼의 격렬한 질주 후에, 물 위를 걸어오는 침묵과 만난다. 그는 이 침묵과 마주하면서, 비로소 시가 형성되면서 울려나는 '물소리'를 들을 수 있게 되는 것 같다. 그가 "깊은 기슭 말 건네는 물소리/소리를 따라 조금씩/하류로 스며"들면서, "무너지다 말고 새로 솟구쳐 오르는/침묵 너머//원하는 곳에 이르지 못한 저/투명한 소리들"(「소리의 유랑」)과 만나고 있는 것을 보면 말이다. 그는 영혼이 붕괴하면서 일어난 정열의 소용돌이를 겪다가 돌연 솟구치는 침묵과 만나고는, 저 아직 목적지에 도달하지는 못한 '투명한 소리들—물소리'를 들을 수 있게 된 것이다. 나아가 그는 그 소리를 볼 수 있게 된 것인지도 모른다. '소리들'을 '투명'하다고 시각화하는 것은 이유가 있다. 소리들이 보일 리는 없지만, 시인의 눈에는 그 소리들이 보이기 시작한다. 그렇지 않았다면, 그는 "산딸나무 열매는 응결된 산의 침묵"(같은 시)이라면서, 단단하게 둥근 모양인 '산딸나무 열매'의 이미지로부터 '응결된 산의 침묵'을 읽어낼 수 없었을 것이다. 하여, 시인은 이제 침묵 너머에 나타나는 무엇-소리들—을 읽어나가기 시작할 것이고, 이를 기록하고자 할 터이다.

강물이 마른 땅에 줄을 긋는다

밑줄 위로 꽃무덤 짊어진 벚나무가 서 있다

나무에 기댄 여자가
발 하나를 걸치고 외줄타기를 한다

꽃은 태어나자마자
무덤이다 무덤을 무덤덤하게
강물 위에 띄운다

높이 날아올랐다 떨어지는 꽃잎에
강물이 부르르 몸을 떤다

우듬지 끝에 오른 강이
물보라를 일으킨다

단 한 줄도 받아 적을 수 없는
밑줄 위의 글들

여자는 강가에 앉아
강물이 그은 문장을 읽는다

강이 부려놓은 밑줄을
줄 타는 세상의 밧줄로 쓴다

– 「강물의 문장」 전문

"태어나자마자/무덤"이 되는 '꽃무덤'을 짊어졌다는 벚나무의 이미지는, 좀 더 깊은 박성희의 시 세계에 우리를 데려가준다. 벚꽃은 아름답게 피어나지만 피자마자 격렬하게 져버린다. 정열의 소용돌이가 휘돌다가 그 절정에서 침묵이 솟아나듯이, 벚꽃은 아름다움의 절정에서 죽음을 맞이한다. 박성희의 시 세계에서 꽃이 시의 말을 의미하기도 한다면, 시 역시 아름다움의 절정으로 완성되었다가 침묵으로 빠지는, 다시 말하면 무덤이 되어버리는 특성을 가지고 있다고 말할 수 있다. 시는 말로 이루어지는 것이지만, 저기 문자로 인쇄되어 침묵한 채 존재한다. 좀 더 적극적으로 말하면, 시는 침묵을 통해서, 말의 죽음을 통해서 완성된다. 그렇다면 '꽃무덤'은 완성된 시를 가리킨다고도 할 수 있기에, "무덤을 무덤덤하게/강물 위에 띄운다"는 구절은 시인 자신의 마음에 시를 띄운다는 말로 바꾸어 말할 수 있을 것이다. 박성희 시인에게 풍경은 내면의 세계를 되비추는 속성을 갖고 있기 때문에, 강물은 시인의 마음을 가리킨다고 생각할 수 있기 때문이다.

시를 더 읽어보자. '꽃무덤-시'를 강물(마음)에 높이 던져 떨어뜨리자, '강물-마음'은 "부르르 몸을" 떨며 "물보라를 일으"키기 시작한다. '강물-마음'의 동요가 만들어놓은 물보라는, '강물-마음' 위에 어떤 밑줄과 문장을 '긋'는다. 즉, '무덤-시'는 시인의 마음에 떨어지면서 만들어진 물보라로 침묵 너머에 어떤 밑줄과 문장을 남겨놓고, 시인은 이제 "강가에 앉아/강물이 그은 문장을" 읽어나간다. 그런데 그는 그 문장을 "단 한 줄도 받아 적을 수 없"다고 토로한다.

다만 그가 '외줄타기'를 하기 위해 '별 하나'에 걸쳐놓았던 '세상의 밧줄'로 강물 저편에 그어진 밑줄과 문장들을 끌어와 여기에 쓰고 있는 것이다. 마치 하늘의 별을 그 밧줄로 이 지상으로 끌어올 것처럼 말이다.

그런데 그 밧줄로 쓰기는 시인이 자신의 '마음-강물'에 던진 '꽃무덤-시'를 다시 태어나게 하는 일이기도 할 것이다. '돌개바람'에 "장렬한 최후"를 맞이한 팽나무의 "향기를 들이마신 숨을 따라/나무의 향 몸속으로" 번지면서, "연못 속 배롱나무/다시 태어나"(「명옥헌 팽나무」)게 되는 것처럼 말이다. 팽나무가 배롱나무로 다시 태어나듯이, 시인이 숨쉬듯 받아들여 마음에 띄운 '꽃무덤-시'는, 그 시가 마음에 일으킨 물보라를 따라 쓴 시인의 시로 다시 태어난다. 물론 팽나무가 배롱나무와 다르듯이 시인이 읽은 시와 그에 자극받아 시인이 쓴 시는 서로 다른 시다. 하지만 시인이 쓴 시는 시인이 읽은 시가 다시 태어난 것이라고 말할 수 있는 것이다. 이때 시인이 자신의 마음에 띄운 '꽃무덤-시'는 타인이 쓴 시만을 가리키지 않을 것이다. 그것은 삼라만상에 깃든 시를 의미할 수도 있다.

3

아름다움의 절정에서 죽음을 맞이한 자연물들, 나아가 사람들에게서도 역시 박성희 시인은 시를 읽어내기도 했을 것이다. '세월호 참사'에서도 시인은 극히 슬픈 시를 읽어냈을 터, 그래서 그는 이에 대한 시를 남겨놓고 있다. 「바다에 잠든 아이들」이 그 시이다. 시인은 그 슬픈 시를 마음에 받아들이면서, 그 아이들이 일으킨 마음의 물보라가 그어놓은 문자들을 따라 시를 썼을 것이다. 그리고 그 시를 쓰면서 팽나무가 배롱나무로 다시 태어나듯 아이들이 다시 태어날 수 있기를 바랐을 것이다. 그런데 이 시작(詩作) 과정에서 시인은 이 아이들이 살아남은 사람들에게 어떤 존재인지를 발견한다. 저 4월의 벚꽃처럼 한창 아름다울 때 져버린 그 아이들은, "사라져가는 구름의 꼬리를/늘 시작으로 돌려놓는"다는 것을, 즉 남아 있는 사람들을 언제나 다시 처음부터 시작하도록 만든다는 것을 말이다.

이를 볼 때, 박성희 시인에게 시 쓰기는 죽음을 극복하는 작업이다. 그 극복은 죽음을 외면하는 태도와는 정반대의 태도이다. 죽음을 극복하기 위해서는 죽음에 천착해야 한다. 죽음을 마음 깊숙이 받아들여 마음이 요동쳐야 다시 태어나는 일이 가능하다. 그래서 시인은 죽음의 현장에 시선을 보내고 죽음에 대해 사유하는 것이다.

> 동박새 어디론가 날아오르자 산 채로 뚝뚝 떨어지는 꽃송이들, 저들도 새를 따라 날아오르고 싶었나봅니다
>
> 저 불꽃보다 뜨거워 대궁 째 목을 꺾기에 좋은 나이라 믿던 그 시절 뿌리 가까이 노을을 깐 내 사랑 홀연 깃털처럼 가벼이 떠나갔습니다
>
> 멀리 사라지는 것은 나의 中心으로 숨는다는 걸 몇 번의 동백꽃 피고 지고야 알았습니다
>
> 동백꽃 떨어진 그 자리, 언젠가 둥근 열매 맺힌다

는 것 아는 듯 다시금 날아온 동박새의 울음, 그리
슬프지만은 않습니다

눈보라 속 얼어붙은 백 년의 시간, 한 방울 기름
이 되어 늙은 여자의 머리를 빗질합니다

– 「백련사 동백꽃」 전문

"멀리 사라지는 것은 나의 中心으로 숨는다는 걸 몇 번의 동백꽃 피고 지고야 알았습니다"라는 시인의 진술은, 그가 얼마나 피고 지는 동백꽃을 지속적으로 바라보았으며 "멀리 사라지는 것"을 마음의 중심에 두었는지 말해준다. 동백꽃 역시 한창 아름다울 때 "산 채로 똑똑 떨어"지고 만다. 시인의 추측에 따르면 그것은 "어디론가 날아오"르는 '동박새'를 "따라 날아오르고 싶어"하기 때문이다. 그런데 그는 저 작은 동박새와 동백꽃을 보면서 "홀연 깃털처럼 가벼이 떠나"간 '내 사랑'을 떠올린다. 그는 동박새에서 그렇게 떠나간 '내 사랑'을 떠올리고, 산 채로 떨어지는 꽃송이들에서 "저 불꽃보다 뜨거워 대궁째 목을 꺾기 좋은 나이라 믿던" 시절의 자신의 모습을 보았을 것이다. 시인도 저 꽃송이들처럼 사랑을 따라 날고 싶어 했으며, 결국 영혼의 목을 꺾는 작은 죽음을 겪어야 했을지 모른다. 그러나 시인은 이를 기억하면서 슬픔에 빠지거나 하지는 않는다. "동백꽃 떨어진 그 자리, 언젠가" 다시 "둥근 열매 맺힌다는 것"을 알기 때문이다. 죽음 이후에 다시 삶이 온다는 것을 말이다.

작은 죽음이 일어나고 삶이 다시 시작하는 과정이 반복되면서 삶은 진행된다. 삶에서 벌어지는 작은 죽음들은 그 죽음을 겪어내야 하는 사람에게 고통스러운 일이다. 우리는 작은 죽음들이 주는 이 고통에서 벗어날 수 없다. 시인은 「낙타, 피라미드」에서, "낮과 밤처럼 찾아오는 죽음은 도시를 돌아가는 순환버스처럼 덜컹거리는 일"이라고 말한다. 덜컹거리는 것, 그것이 우리 영혼이 영원히 겪어야 할 고통이다. 우리는 그렇게 덜컹거리는 순환버스처럼 작은 죽음들을 안고 사막 같은 도시에서 살아가야 한다. 이 삶의 순환은 아들과 아비의 삶과 죽음의 순환으로 나타난다. "나는 아비의 죽음을 지키려고 태어났고 자식은 아비의 죽음을 알리기 위해 태어났다"는 것, '낙타'는 이렇게 순환버스처럼 살아가는 삶을 상징한다. 등에 "무덤을 지고" 있는 낙타는, '죽음—고통'을 혹 삼아 "사막을 횡단"(같은 시)하면서 살아간다. 결국 그 낙타는 완전한 죽음에 이르게 될 터인데, 이때 그는 "자신의 등 속으로 들어가 눕"게 될 것이다. 나아가 박성희 시인은 죽음을 지고 사막을 횡단하는 삶에서 어떤 숭고한 삶이 존재할 수 있다는 것을 '라마'에서 발견한다. 그는 라마에게 다음과 같이 찬가를 보내고 있다.

초원의 라마는 높은 곳에 올라서기를 좋아한다

지평을 벗어난 라마는 마추픽추 계단처럼 층층이 쌓인 여행가방 안에서 나온다 짧은 곱슬머리에 고깔모자, 가늘게 땋아 내린 빨강 파랑 노랑 귀밑머리, 캄캄한 동굴을 닮은 두 귀는 쫑긋하다 주름진 목에는 아비의 이름이 새겨진 목걸이가 걸려 있다

짐승의 눈은 왜 슬픈가 눈망울을 굴릴 때마다 지나온 산모퉁이와 계곡, 바위 능선이 지나간다 온몸

이 글자이며, 노랫말이며, 울음인 그의 눈은 만년설 위에 새겨진 발자국을 기억하고 티티카카 호수의 일렁임을 잊지 못한다 사라진 제국의 비애를 별빛처럼 간직한 눈

긴 머리카락으로 밤마다 허공을 휘저으며 별을 만진다 깊은 밤 가슴앓이하며 등을 쓸어내릴 때 지구를 돌아온 낯선 손이 나의 손목을 잡아준다 빈혈처럼 찾아오는 고산의 기억, 라마는 산소를 마시듯 낮은 울음을 삼킨다 초원을 돌아온 바람이 그를 데려갈 것이다

라마를 탄 스승이 먼 곳으로 떠났다는 소식을 듣는다

–「라마, 내 사랑」 전문

'낙타과'에 속하지만 낙타와는 달리 등에 혹이 없는 라마는 남미 고원의 초원 지대에 사는 동물, 그래서 시인은 이 시의 첫 연에서 "초원의 라마는 높은 곳에 올라서기를 좋아한다"고 말한다. 물론 이 문장은 라마가 고원에서 산다는 것을 의미하기도 하지만 어떤 고고한 품성을 가지고 있다는 것을 의미하기도 한다. 그도 그럴 것이, "라마를 탄 스승이 먼 곳으로 떠났다는 소식을 듣는다"라는 맨 마지막 연은, 시인이 이 라마에서 저 세상으로 떠난 그의 스승을 떠올리고 있다는 것을 말해주고 있는 것이다. 하지만 그 라마를 탄 스승의 모습이 어떤 실제 인물의 스승이라기보다는 스승의 상징, 스승의 이데아로서 나타나고 있는 것으로도 볼 수 있다. 즉, 이 스승은 라마의 품성을 가지고 세상을 살다가 "초

원을 돌아온 바람이 그를 데려"가서 저 세상- "먼 곳" -으로 떠나가신 분이라고 할 수 있다.

시인은 남미의 고산지대를 여행하면서 이 라마를 직접 보았을 것이다. 그렇지 않다면 2연의 라마에 대한 섬세한 묘사는 불가능하다. 그런데 시인은 라마의 목에 걸린 "아비의 이름이 새겨진 목걸이"에 주목한다. 그 라마는 아비로부터 자신으로 이어지는 삶과 죽음을 목에 걸고 있었던 것이다. 나아가 시인은 라마가 살면서 지나온 "산모퉁이와 계곡, 바위능선"이 이 '짐승'의 '눈망울'에 지나가는 것도 포착한다. 그 눈망울에는 삶의 기록이 담겨 있는 것, 이 짐승의 눈이 슬픈 것은 이 눈에는 삶과 죽음이 겹쳐 기록되어 있기 때문이다. 나아가 그 눈은 사라져버린 저 남미의 대제국들의 "비애를 간직"하기까지 하고 있는 것이다. 그래서 라마는 "온몸이 글자이며, 노랫말이며, 울음"이며, "산소를 마시듯 낮은 울음을 삼"켜야 하는 짐승이다. 시인이 이 라마로부터 스승을 떠올린 것은 이 때문이기도 할 것이다. 라마는 삶과 죽음, 영광과 몰락, 그리고 노래와 비애를 가르쳐준다.

저 삶과 죽음의 운명에 대한 슬픔과 비애는 시인이 작은 죽음들을 안고 살아가면서 평생 겪어야 하는 '가슴앓이'이기도 하다. 라마는 슬픔과 비애로 끓는 가슴앓이를 보여줄 뿐만 아니라 가슴앓이 겪고 있는 시인을 위무해주기도 한다. 시인에게 '고산의 기억'이 "빈혈처럼 찾아"올 때, 즉 시인이 이곳에서 살아가면서 저 고산에서 느꼈던 슬픔과 비애를 다시 느끼게 될 때, "지구를 돌아온 낯선 손이 나의 손목을 잡아"주는 것을 보면 말이다. 그 손은 라마의 손이자 스승의 손이다. 이렇게 시인에게 포착된 시적 대상은, 방금 본 라마처럼 그에게 진실을 알려줌과 동시에 그를 위무해주기도 한다. 하여, 박성희 시인은 진실과 위무를 전달해주는 시적 대상을 찾아 세계를 여행한다.

가령 「바다로 간 코끼리」에 따르면, 시인은 "코끼리를 찾으러 사막엘" 가기도 하는 것이다. 코끼리는 사막을 횡단하며 살아가는 시인에게 진실을 알려주고 그의 마음에 위무를 안겨줄 대상이다. 그러나 시인은 "코끼리는 고독을 싣고 바다로 떠났다"는 말만 듣고 "사막을 에둘러 돌아"와야만 했다고 한다. 허나 그 길에서 그는 신전에서 "코끼리가 사람들에게 큰 절을 받고 있"는 모습을 발견할 수 있었다. 그는 그 코끼리의 모습에서 "다리를 사원의 기둥처럼 바다에 박고 서 있는 코끼리"를 본다. 바다로 가고 싶어 한 코끼리는 결국 사막 위에서 조상으로 서 있게 된 것인데, 시인은 이 조상의 모습에서 코끼리가 사막을 건너가다가 결국 두 다리를 그 '모래-바다' 속에 박고 최후를 맞이하게 된 것이라고 상상한 것이다. 그와 동시에, 그는 코끼리가 발을 박고 서 있는 사막의 모래가 바다로 변환되었다는 시적 인식을 획득한다. "주름과 주름 사이의 바위들 작은 모래알 되어 푸른 바다를 안는다"라는 구절은 시인이 그러한 인식에 도달했다는 것을 말해준다.

4

「바다로 간 코끼리」에서 시인이 인식한 코끼리의 모습은, 우리가 "바다를 건널 수 있다"는 희망을 품고 고독하게 황량한 사막을 횡단하면서 살아간다고 할 때, 결국은 바다에 도달하지 못했더라도 그 꾸준하게 걸어온 삶의 터전인 사막은 우리의 희망인 바다로 변환되리라는 진실을 전달한다. 이에 따르면, 우리가 상상하고 희망하면서 삶을 살아나갈 때 세계는 변모해나가는 것이다. 이 시집의 표제작인 「풍뎅이 날개로 지구를 돌다」도 역시 시인이 여행에서 시적 대상을 포착하고 있는 시인데, 그 대상이란 "태국의 아만다사마쿰 박물관"에 있는 "풍뎅이 날개를 뽑아/수를 놓은" "왕의 의자"로, 이 의자에서 시인은 다음과 같은 놀라운 상상을 펼쳐놓는다. 그가 그 상상을 펼치는 이유는, 그러한 상상이 세상을 변화시키리라는 희망과 믿음을 시인이 가지고 있기 때문일 것이다.

광채가 권력의 무거운 엉덩이를 떠받치고 있다
그 엉덩이 아래 짓눌린 날개가 일으키는 바람,

해일을 일으킬 듯
소용돌이 폭풍을 몰고 올 듯
의자를 뒤집어 놓을 듯

파도를 안고 푸른 바다가 되어
지구를 돌고 있다

칸칸이 나뉜 벽이 사라진 밤
광장의 깃발처럼 펄럭이던 나무들

풍뎅이 날개 아래 잠잠하다

– 「풍뎅이 날개로 지구를 돌다」 후반부

위의 시에 따르면, 왕은 자신의 권력을 과시하기 위해 풍뎅이의 날개를 뽑아 의자를 만들었다. 풍뎅이의 나는 능력을 박탈하고 사물화 하여 자신의 권력의 상징으로 만든 것이다. 그래서 저 의자는 왕의 잔인성과 무소불위의 권력을 표현한다. 하지만 시인의 상상력은 이를 전복한다. 여기서 박성희 시인의 상상력은 담대하게 전개된다. 저 권력의 엉덩이 아래에 짓눌려 있는 '풍뎅이 날개'에는 여전히 날 수 있는 능력이 잠재해 있다. 그 가녀린 날개들은 거대한 바람을 일으킬 수 있는 힘을 품고 있다. 풍뎅이 날개가 일으키는 바람을 얕봐서는 안 된다. 그 바람은 '해일'과 "소용돌이 폭풍을 몰고 올" 정도로 강력해서 '권좌'를 뒤집어놓을 수 있다. 지구를 돌면서 푸른 바다로 변모할 바람, 이렇듯 신적인 존재처럼 보이기까지 하는 이 바람이 세상을 뒤흔드는 밤이면, "칸칸이 나뉜 벽이 사라"지며 나무들은 "광장의 깃발처럼 펄럭"인다. 그리하여, 모든 권력은 결국 "풍뎅이 날개 아래 잠잠"하게 될 것이다.

이렇듯, 위의 시는 권력에 의해 짓눌린 풍뎅이 날개가 도리어 권력을 물리치고 세계를 평화롭게 하는 날이 오리라는 시인의 희망을 표명하고 있다. 그런데 이 풍뎅이에서 노동자나 민중, 시민을 떠올리는 것은 자연스러운 일일 것이다. 저 풍뎅이 날개로 만든 왕의 의자가 그렇듯이, 권력은 지배계급이 노동자 민중의 힘을 탈취하여 자신의 힘으로 전환한 것이다. 이에 비추어 볼 때, 위의 시는 짓눌려 있는 민중의 힘이 해방되어 그 날갯짓을 하게 될 때 벌어지는 전 지구적 혁명을 보여준다고도 할 수 있겠다. 물론 위의 시가 시인 내면의 해방 과정을 보여준다고 볼 수도 있겠지만, "광장의 깃발처럼 펄럭이던"이라는 구절을 보면 위의 시에서 일어나고 있는 해일과 폭풍에서 사회 정치적 혁명을 떠올리는 것도 무리한 일은 아니라고 본다.(두 의미가 중첩되고 있다고도 생각할 수 있다.)

이에 비추어 볼 때, 시인은 풍뎅이 날개로 만들어진 왕의 의자를 보면서, 저렇게 '권좌'로 사물화 된 민중의 힘에는 폭풍과 해일을 일으켜 권좌를 뒤집어놓을 수 있는 거대한 잠재력이 내장되어 있으며, 그 힘이 해방될 때 비로소 인류를 가로막는 벽이 무너질 것이라고 상상하고 있다고 할 수 있겠다. 이러한 상상이 허황된 것이 아님을 우리는 2016년 하순부터 다음 해에까지 지속된 촛불의 힘에서 확인할 수 있다. 수백만의 시민과 민중은 광화문 광장에 모여 풍뎅이처럼 날갯짓을 했다. 그 바람은 부패한 권력의 권좌를 날려버리고 최고 권력자를 감옥에 보내는 데까지 이르렀다. 촛불이 일으킨 바람은 정말 폭풍과 해일을 불러일으켰던 것, 우리는 이 바람의 힘을 직접 경험할 수 있었던 것이다. 하지만 이 바람의 잠재력은 평상시에는 쉽게 드러나지 않는다. 강한 바람이 불지 않는 평온한 시기에는, 바람이 잘 감지되지 않듯이 말이다. 박성희 시인에게 시인이란 이렇듯 쉽게 드러나지 않는 잠재력을 발견하여 상상력을 통해 가시화하는 사람이기도 하다. 저 풍뎅이 날개로 만든 권좌에서 시인이 세계를 뒤엎는 풍뎅이의 신성한 힘을 상상하고 가시화한 것처럼 말이다. 그래서 박성희 시인에게 시인이란 존재는 '바람의 잠재력'을 발견할 수 있는 시적 대상을 찾아다녀야 하는 사람이다. 바람의 잠재력은 잘 보이지 않지만 사라지지 않고 어디엔가는 존재한다. 그것은 '썩지 않는 바람'인 것이다. 아래의 시에 따르면, 바람은 항아리 속에 예언의 문자를 품고 고요히 담겨 존재하기도 한다.

절벽 끝 마지막 동굴 안
잃어버린 염소 한 마리 항아리 곁에 있네

항아리는 제 안에 썩지 않는
가죽 두루마리를 품고

시간을 거스르며
천년을 하루처럼
깊은 동굴을 지고 있네

누군가의 감은 동자처럼
눈이 떠지길 기다리고 있네

마른 풀 씹으며 동굴 속 염소는 수염을 키우고
건조한 바람이 머무는 항아리 안은 고요하다

가죽에 새겨진 예언
한 자 한 자 하늘로 날아가고

나는 쿰란의 목동
염소의 쇠방울 소리 따라 사막을 건네

–「바람은 썩지 않는다」 후반부

시인의 주석에 따르면 '쿰란'은 "가장 오래된 성경 예언서의 필사본이 발견된 이스라엘의 도시"라고 한다. 위의 시는 썩지 않는 '바람의 잠재력'을 저 최초의 예언이 적힌 문자와 연결하여 생각한다. 시인은 쿰란의 "절벽 끝 마지막 동굴 안"에서 "시간을 거스르며" 존재하는 '항아리'를 상상한다. "썩지 않는" '건조한 바람'이 고요히 머물고 있는 그 항아리 안에는, "썩지 않는 가죽 두루마리"가 있으며 그 두루마리에는 "눈이 떠지길 기다리고 있"는 예언의 문자가 적혀 있다. 이 예언이 눈이 떠지는 순간이 바람의 잠재력이 현실화되는 순간 아닐까. 여기서 바람의 의미는 좀 더 의미심장해진다. 박성희 시인에게 바람은 민중의 힘을 의미하는 동시에 깊은 신학적인 의미를 가지기도 하는 것이다. "칸칸이 나뉜 벽이 사라진 밤"은 신의 나라의 도래를 의미하지 않겠는가. 그러나 신의 나라가 도래하리라는 예언은 아직 이 세상에 도래하지 못하고 있으며 그 예언의 문자들은 하늘로 날아가 있는 것이 지금의 현실이다.

시인은 이 예언의 문자들을 이곳에 가시화하기 위해서라도, 절벽의 끝 동굴에 있을 저 항아리, 예언이 적힌 두루마리를 품은 항아리를 찾아다니는 사람이다. 그 두루마리를 지킨다는 듯이 항아리 옆에는 시인이 잃어버린 염소가 "수염을 키우고" 있을 터여서, 그 염소가 내는 쇠방울 소리를 단서 삼으면 저 항아리를 찾아낼 수 있을 것이다. 그래서 그는 "염소의 쇠방울 소리 따라" '사막'을, 앞에서 보았듯이 작은 죽음들의 고통과 비애를 겪으며 진행되는 이 사막의 삶을, 어떤 해방의 잠재력을 발견한다는 희망을 품고 지금도 걷고 있는 것이다.